# CURVAS Y ROSAS

Elena de Ibarreta

Aliarediciones

Corrección: Eladia Guerrero
Diseño de cubierta: Jaime Galisteo
Maquetación: Aliar Ediciones

Depósito Legal: GR 1590-2024
ISBN: 978-84-10374-96-6

Impreso en España

MIXTO
Papel | Apoyando la silvicultura responsable
FSC® C127630

Edita
ALIAR Ediciones
**www.aliarediciones.es**
*info@aliarediciones.es*

# CURVAS Y ROSAS

Elena de Ibarreta

*Disfruta del pánico que te provoca tener la vida por delante.*
*Vívela intensamente, sin mediocridad.*

Apócrifo atribuido a Walt Whitman

# Agradecimientos

Al camino,
por todo lo bonito que siempre tiene para depararme.
A mi madre,
por enseñarme a ser mujer y a ser valiente.
A mi padre,
por leerme aquellos poemas en el fin del mundo.
A mi hermano,
por ser el más cercano de los extremos opuestos.
Y a la familia elegida,
por quererme así y llevarme hasta aquí de la mano.

## *Nota al lector*

Los idiomas son mi vida. El español, el castellano, es mi más pura y pasional forma de expresión y, sin embargo, hubo otros idiomas que, habiéndolos aprendido en momentos distintos de la vida, me aportan perspectiva y me regalan un amable refugio desde el que hablar, más protegida, de determinadas dolencias.

Algunas vidas de mi vida ocurrieron en un contexto cultural ajeno que me ha llevado a escribir versos en inglés y, en ocasiones, en francés; y, querido lector, para estas ocasiones, he querido ofrecerte mi propia traducción, mientras disfrutas, a su vez, del original.

Este es mi manifiesto hasta el día de hoy.
Caótico. (Erótico).

A veces feliz, a veces contento, bastante a menudo triste.
A veces imposible, a veces simple.
A veces demasiado, pero nunca suficiente.

Aquí está lo que soy y también lo que no soy.
Aquí está lo que dejo atrás y lo que me llevo conmigo.

## *—El caminante—*

Tengo que seguir trazando mi camino;
no hay tiempo para detenerse,
pero estoy varada en la nada
porque creí haber entendido
que el camino era contigo.

En un cruce de caminos
se levanta mucho polvo;
es el caminar de los caminantes,
que me entorpece el respirar
cuando pasan haciendo su camino.

De pie,
pero no me duelen las piernas,
no me duele nada,
solo,
quizá,
el no sostenerte la mirada.

Por este cruce no has pasado,
lo sé con certeza;
siempre estoy aquí,
velando el camino,
observando al caminante.

El caminante no me ve,
y yo del caminante veo,
según de quién el paso,
la decisión, el miedo,
el pesar,
a veces,
la convicción.

El caminante siempre sigue su camino,
ese es *el ser* del caminante.
Yo una vez fui un caminante.

Dicen que no hay guardianes en los caminos,
no sé qué soy entonces, pero yo custodio.

¿Crees que espero a un caminante?
Te equivocas.
Espero poco ya,
aunque tampoco nada,
o no sería el guardián de este cruce de caminos.

¿Caminan los caminantes juntos?
Creo que sí,
pero yo no lo veo,
pero he oído historias.

¿Y el caminante a dónde va?
Amigo, nunca seguí el camino,
pero el caminante camina la vida.

¿Por qué te detuviste, caminante?

El caminante es valiente.

El caminante camina.

# PUNTO DE CRUZ

*—Un día, uno de los primeros que recuerdo, mi abuela me enseñó a coser y así fui creciendo y cosiendo mi punto de cruz.*

*Este es el dolor de crecer, el paso de la inocencia a la consciencia—.*

A veces me escondo entre palabras marchitas que se deshacen cuando las rozo con las yemas de los dedos, en un intento de volver a intentarlo.

A veces me rompo tanto y tan estruendosamente, que las ficciones por recomponerme me fallan.

A veces quiero que nadie me vea porque, si me ven, me verán caer y me verán fallar una y otra vez, e incluso otra más.

Mientras los siento reír,
mientras los escucho vivir,
mientras crecen derechos.
Mientras.
Aquí. Sigo. Yo.

Soy otro intento frustrado
de artista y de persona y,
seguramente, en ese mismo orden.

Me deslizo sigilosa entre los angostos huecos que dejan sus alientos.

Nadie me ve, nadie me siente, nadie me huele.

Avanzo un poco más, desgarrándome los brazos contra sus pieles al intentar abrirme paso. No estoy segura de si duele.

Nadie me ve, nadie me siente, nadie me huele.

Me miro los pies, pero ya no tengo; sin parpadear sigo avanzando, nadando entre todos ellos.

Nadie me ve, nadie me siente, nadie me huele.

Nadie, ni yo.

Sigo debatiéndome entre cogerme de tu mano y dejarte tirar
de mí o disolverme y daros tregua,
a ti y a todos tus músculos.

Las grapas de mis articulaciones se han oxidado
y marchitado,
como las estrellas en un amanecer de invierno.

No puedo mentirte; a veces, el mordisco de tus sueños con salvavidas alcanza a acariciarme la piel seca.

Por un momento, haces que la bruma de mis decepciones se diluya en un vaho menos espeso.

Y si entonces creo imaginar tu silueta, no sé si es realidad o alucinación, en la desesperada ansiedad de encontrar un motivo.

Veo la vida pasar,
intuyo éxitos y apoyo causas perdidas
en una ciudad edificada con tijeras y papel de cuadrícula
que arde con la llama de un mechero sin gas.

En este canto idílico, sujeto a los silencios más crudos, he encontrado las figuras deambulantes del *dada* de alguna mente agitada, de algún pincel entre dubitativo y aliviado.

Como la mala hierba, que crece sin que nadie entierre la semilla.
Ella, ella custodia margaritas y, sin embargo, tan sola y tan áspera.

Tan sola y tan áspera.

Lo siento si parece que trato de esconderme.
La realidad es que me siento inalcanzable.
Desintonizada, atrapada, quizá, en el desfase temporal.

He querido ser mucho más de lo que podía, lo sé.
He querido ser una de esas mentes que dialogan con las almas,
que se atormentan y se angustian,
pero cuyos demonios pertenecen a los versos.

Yo también he querido ser pura, libre de los hilos de esta gente,
y he fallado,
temblando del miedo, respirando sudor.

He jugado a ser equilibrista
y es que hay ciertas cosas, tan finas,
que no pueden ser más que líneas tensadas por dos.

No quedan luces en esta ciudad perdida, en esta ciudad de alas rotas y falta de ganas. No sé si te acuerdas de cuando el sol lucía alto, pero la luna aún era fresca y tú y yo nos buscábamos. No sé si notas nuestras promesas, ya perdidas, engullendo poco a poco las paredes de esta trama, convertida en laberinto.

Y si sigues sin saberlo, por lo menos escucha la desolación en cada silencio colgado del pentagrama y dime si no reconoces tu propia creación; porque yo la veo en cada bombilla rota y en cada calle vacía, esas que la noche deja solas.

A veces, en la costa más lejana a lo consciente, se enciende un faro a duras penas y me propongo, aunque sin fuerzas y temiendo al agua, nadar hacia él.

Y entonces nado y no me importa cuánto me duelen los brazos, ni cuánto pinchan los calambres en las piernas porque yo sigo nadando.

Pero luego me quedo a oscuras y no veo ni lo que hay a medio metro más allá de mí; la luz del faro se ha consumido.

Y una vez más, estoy a la deriva de todos mis continentes, flotando de milagros, en una marea de agua helada que me cala los huesos y me congela la sangre.

El mundo se va y yo me quedo,
como siempre.
Resto el frío, día a día,
contándolo con los dedos.
Imagina,
solo por un momento,
todo lo que has decidido no ser.
Quizá brille esa estrella mañana en mi cielo,
con su constelación ardiéndome en las pecas,
con las líneas uniéndose por fin.

El aroma de las flores en tu pelo
me lo trae el viento cuando rezo
y no puedo decirle que no.
No es un pesar,
pero tampoco es compañía
y las flores siempre,
siempre,
me acompañan hasta que dejo de gritar.

Oigo el rastro de tus pies viniendo a buscarme, corriendo, buscando un camino que no sabes si existe. Arriesgas. Y yo arriesgo al pararme en seco, sabiendo que me vas a encontrar; antes o después, pero llegarás a la misma altura del camino en la que mis pies se han anclado, desesperados por esperarte, ansiosos de volver a caminar contigo y que las piedras del camino, aún virgen, no les abran las venas. Son pies demasiado inocentes, demasiado limpios como para haber caminado solos, acostumbrados a que vayas por delante de ellos y asegures el terreno que pisarán.

Llegas. Llegas y me curas las heridas, limpiándome la sangre con los labios, sin importarte que esté sucia. Me acaricias las lágrimas, solidificadas en las mejillas, y con tu saliva las deshaces, volviéndome incapaz de recordar, siquiera, que una vez estuvieron allí.

No recuerdo cuánto tiempo llevo sin parpadear y en mi iris ves latir, demasiado rápido, el miedo que se ha apoderado de mis venas. Me quitas la ropa vieja, te deshaces de ella para estar seguros de que no la vuelva a ver y me vistes con tu piel. El viento me sorprende el rostro cuando recoges mis mechones enredados en una coleta sujeta por tus dedos.

Empiezo a despertar del sopor de haber dormido un siglo y noto un cosquilleo en las piernas que me hace ilusionarme.

Me decido a avanzar, pero, por más que lo deseo, mis piernas no se mueven del barro en el que se han hundido.

Sin preguntarme nada, me levantas del suelo como si no te costara esfuerzo y, cuando me tienes en tus brazos, comienzas a andar.

# PRELUDIOS E INTERMITENCIAS

*—Todo tiene una preparación, una respiración previa, tanto la felicidad como el dolor, y todo tiene una duración. Así, la felicidad y el dolor no son permanentes ni constantes, solo intermitencias.*

*Hay un primer amor, hay amores ligeros, amores de verano, amores rápidos, pero, sobre todo, hay un poco de más de ti.*

*Estas son las intermitencias del dolor y de la felicidad, la discontinuación que cesa y vuelve.*

*Estos son los preludios del amor y de los rotos—.*

## I.

Estoy viva, y vivo deseando volver a ver mañana las luces de Donostia. Ver cómo el mar parece un cuadro cosido en hilos finos y brillantes. Y subir y volver a sentirnos allí, arriba del mundo, donde casi podemos rozar las estrellas con las yemas de los dedos, en un experimento por saber si es posible ser aún más felices.

## I.

El viaje ha sido largo y siento que,
a pesar del desgaste de la rueda,
de la fatiga del engranaje,
del recorrer del motor,
a pesar de ser un poco más viejos,
somos más jóvenes que nunca.
Entre horas de tren,
ganas de verte
y otros golpes fuertes,
me he encontrado.
Y en parte he sido yo,
y en parte has sido tú,
que me has enseñado
que el narcisismo no es malo en nuestra definición,
que no me voy a caer, aunque esté oscuro,
y que de la metafísica uno también se puede reír.
Tú, que me has dado de beber amor.
Tú, con cada uno de esos versos de lunas,
estrellas
y sonrisas de una joven viajera de tus sentimientos.

**I.**

Creo que he olvidado tu nombre, mi amor.
Pero no he olvidado que estoy aquí.
Contigo.
Tampoco he olvidado que quiero estar aquí,
en un *aquí* que solo existe para ti y para mí.
Así que sigue,
sigue aquí,
sigue conmigo;
hay suficiente,
tenemos suficiente de todo *aquí*
para seguir y seguir.
Seguir y recorrer la corriente del tren que no para;
para seguir
y seguir
y no tener que parar nunca.

### —*Doble o nada*—

Caminos de arena en tu suelo árido,
incertidumbre prendida de tus pestañas
y las pieles ardiendo, deshojando la llama
del incendio que no has prendido.
Se me rasga el aire entre los dedos
porque te busco sin poder mirar
y nadie parece conocer el lugar.
Te me enredas en las mañanas tanto como en el *whisky*
y te calco en la retina cuando perfilas el sol.
Dibujas el mundo en líneas finas
y vibro entre tu felicidad y la mía,
haciendo el camino de puntillas.

## *—Ecos de islas—*

Primeras madrugadas del verano.
Desde las alturas, otra vez.

Miraría las estrellas desde tu piel las mil y una noches y Dante, Manzoni y Leopardi nos seguirían acompañando, estoy segura.

Pero solo tenemos una y, la verdad, por primera vez, no me importa si las otras mil ya han pasado o si aún no han llegado.

Algún día tocaremos el tacón de Italia y habremos pedido el deseo.

Tan fugaz y tan feliz.

He cumplido la promesa: lo recordaré siempre, incluso cuando lo olvidemos.

## *—La isla—*

Recordaré cómo caminábamos Madrid de la mano.

Recordaré cómo las calles dejaban de parecerme vacías.

Recordaré cómo me parecías un sueño y cómo no podía entenderte en este mundo.

Recordaré tu pulgar en mi palma, dibujando círculos lentos en unos días efímeros.

Recordaré el calendario, siéndonos sinceros; recordaré el camino hasta tu piel y los pliegues de tu alma parpadeándome entre las estrellas y tus pestañas.

Y recordaré todo lo que querías poder prometer y cómo tuviste que huir, de allí y de mí.

## II.

Me siento fuerte por tenerte y débil por quererte así, con todo mi ser.

## II.

Imagino que te gustaría que fuera como el pétalo de una de las rosas que siempre me quieres regalar. Si supieras el camino que eliges, elegirías mejor.

Pero me trazas un camino de pétalos vivos y yo avanzo sin bajar la guardia.

Las fronteras bien claras, los muros bien sólidos, pero las piernas temblorosas.

Le he susurrado muy fuerte al destino y ahora que responde a mi plegaria temo de sus buenas intenciones.

Escúchame dudar en cada roce, entiéndeme doler en cada promesa, comprende que hay un pasado que no me deja escapar, comprende que soy libre pero que en mis muñecas quedan las marcas de las cadenas.

Al fin del mundo, al fin del mundo las llevaré. Y las ataré al cielo.

## II.

Entre tu piel y la mía
querré ir donde tú estés,
porque te quiero.

Pero no me voy a dañar otra vez,
te dejaré antes de que me quieras toda para ti.

Yo soy yo —recuérdalo—,
y recuérdame, libre en mi piel.

(Queriendo la tuya).

Y encuentro el hueco entre nosotros,
y no es el idioma,
no es el dialecto vital,
y, desde luego, tampoco las fronteras.

Detrás, detrás del cielo,
allí, te juro, que siempre está el infierno.

Me vibran tus melodías en la piel
y me pregunto en qué clave cantes.

## II.

Brillas tanto que a veces mirarte me duele en las pupilas. Vas a romperme el pecho. Vas a reconstruir un pasado de desilusión. Vas a inventar nuevas formas de sonreír.

A veces creo en ti; luego dudo de mí.

Ojalá no te irías.
Ojalá aprendas toda la gramática de la lengua castellana y no se acaben los abecedarios.

Que el sol nos ciegue más de cien veces más, como en aquella tarde —aunque no fuese de verano—.

Quiero quererte todos los años, bailar en todas las estrellas y velarte en los meses fríos.

Qué irracional este querer.

Quererte en todas partes porque no sabes cuánto mundo tenemos para querernos (el mismo que para desquerernos y rompernos).

Todo podría pasar, a partes iguales, y no sé si está o no en nuestras manos.

Creo que te quiero.

Me gusta quererte.

Pero cuando te quiero recuerdo que nada dura y que hasta las cosas más puras se oxidan a la intemperie del tiempo.

Me sigue gustando quererte.

Tengo un mundo de cosas que enseñarte y una vida de veinte treinta y unos de diciembres que contarte.

En el borde de la lengua tengo siempre las letras que forman los sonidos con los que darte presencia en este mundo.

## II.

Y allí estábamos,
perdidos en el otro,
sin tiempo para respirar,
sin recordar nuestros nombres.

**II.**

À genoux.
À quel Dieu je prie?
Je me sacrifie à un Dieu qui tremble,
qui soupire à l'air mouillé,
qui descend, lentement,
pour être à ma hauteur.
Les yeux cloués sur mes pupilles,
pour, ensuite, suivre le courant du fleuve,
jusqu'à trouver la source.
Et la naissance.
Le goût de l'esprit.
Le goût de l'âme.
La langue qui s'exprime et qui exprime...
Comme si les chemins sur la carte bougeaient,
les montages montent
juste pour, après, descendre,
et remonter.
Et encore.
Il n'y a que toi qui trouve bien le chemin,
glissant à cause de la pluie.
Et, au milieu du séisme,
il continue à pleuvoir
jusqu'au tonnerre.

De rodillas.
¿A qué Dios le rezo?
Me sacrifico a un Dios que tiembla,
que suspira al aire húmedo,
que desciende, lentamente,
para ponerse a mi altura.
Los ojos clavados en mis pupilas,
y, entonces, sigue la corriente del río,
hasta encontrar la fuente.
Y el nacimiento.
El sabor del espíritu.
El sabor del alma.
La lengua que se muestra y me demuestra…
Como si los caminos sobre el mapa se moviesen,
las montañas se elevan
solo para después descender
y volver a subir.
Y otra vez.
Solo tú encuentras el camino,
resbaladizo por la lluvia.
Y, en medio del seísmo,
sigue lloviendo
hasta el trueno.

## II. (y medio)

***—Redescubriendo el mundo—***

Me vibra entre las yemas de los dedos la sensación de final.
Todo siempre termina mucho antes de acabar.

El olor de los rayos de sol, el prevenir del verano... me saben a árido; y cuando este empieza, yo acabo y yo sigo, pero mucho termina y, así, hay *yoes* que también terminan.

Me llevo mucho del camino, pero el camino se lleva mucho de mí.

Las vidas que se cruzaron en la mía, las mareas que se mezclaron con la mía, las lunas llenas compartidas con presencias que vuelven a sus otras partes del mundo —porque las esquinas del mundo son mucho más reales de lo que parecen en el mapa—.

Querer tanto y tan corto; querer siempre y hasta nunca.

El adiós que nunca deja de terminarse.
No me arrepiento, pero duele.
Perdona la paradoja, pero es tan bonito que me duele.
Cuánto voy a perder porque cuánto he ganado.

Y a ti, ahora que te escucho cantar en silencio y ser el final de todos estos últimos días, querría pedirte que no acabes.

No sabía que se podía ser tanto, pero somos aún más.
Los recuerdos me están doliendo ya.
Soy tan feliz que me llena de tristeza.

(...)

I've realised something that has made me very scared today: the human condition is a very lonely one.

Always convincing yourself to wear your head high, is that a way of living?

Don't you feel alone at night? In that empty apartment of yours? So many lives, and people are so lonely and so sad.

Doesn't it scare you? From country to country, from apartment to apartment, from bed to bed. Just you and your cat. Because you must have been so lonely that you adopted a cat who, now, is lonely in your apartment, watching pigeons.

I'm alone today. Surrounded by people, all *loners* in a big city. There is nobody to trust, because people, lonely as we are, will leave to do their own life, follow their own path, in which you do not fit anymore.

And that day, that day I felt tiny looking up to the buildings of this city.

And it's a very small city.

Hoy me he dado cuenta de algo que me ha dado mucho miedo: lo solitaria que es la condición humana.

Siempre convenciéndote de llevar la cabeza bien alta, ¿es eso vivir?

¿No te sientes solo por la noche? En ese apartamento tuyo tan vacío.

Tantas vidas y la gente tan sola y tan triste.

¿No te asusta? De país en país, de apartamento en apartamento, de cama en cama. Solos tú y tu gato. Porque debiste de sentirte tan solo que adoptaste un gato que ahora mira palomas solo desde tu apartamento.

Hoy estoy sola. Rodeada de gente, todos *solitarios* en una gran ciudad.

No hay nadie en quien confiar porque las personas, solas como estamos, se van para hacer su propia vida, seguir su propio camino, y allí ya no hay sitio para ti.

Y ese día, ese día me sentí diminuta mirando los edificios de esta ciudad.

Y es una ciudad muy pequeña.

Te extraño y no existes.
Te sueño y no sé de qué mundo eres.
En algún otro *contexto* tu existencia es evidente,
efímera, segura.
En mi *contexto* cabe tu vacío,
pero no sé si cabrías tú.
Me duele la falta del «nosotros»,
te juro que me duelen *todos* los lugares en los que *seríamos*,
si *fueses*.
Me duele como si te hubiera tenido,
como si te hubiera vivido
y fueras más allá de *allí donde te pienso*.
Pero no estás y te recuerdo
sin saber bien qué recuerdo,
dibujando tu silueta
coloreando tus sueños.

Te siento, sin tocarte,
en algún rincón del laberinto.

Gracias por la felicidad

# RESTOS Y ROTOS

*—Y, de repente, siento el vacío dentro de mí. El vacío que se expande de esquina a esquina de mi cuerpo, el vacío que me corroe los huesos y que me carcome las articulaciones. El vacío de que no estés.*

*Estos son los restos del amor y los «para siempre» rotos—.*

**I.**

Te siento reticente,
te siento incómodo
y no lo entiendo.
No lo entiendo porque el que se marchó
fuiste tú.

Y aun con eso,
olvidando nuestros años,
nuestras costumbres
y mis manos,
no te basta.

Y aun con eso,
rompiendo nuestros sueños,
privándome de tu palabra
y tus manos,
no te basta.

Has tenido que invadirlo todo:
nuestros rincones,
tus treinta y siete lunares
y mi sudadera favorita.

Si yo te dijese,
que, aunque sea con ella,

quiero tu felicidad,
¿me creerías?

Si yo te dijese
que, a pesar de todo,
aún te quiero,
¿estarías por fin satisfecho?

Porque sigo hundida en este fango
que no se me despega
y no me deja andar hacia delante.

Si solo pudiera decirte
que te echo de menos,
que las cosas sin ti
son más difíciles
y llorar mirándote a los ojos.

Si solo pudieras
abrazar mis lágrimas de vuelta
y decirme que tú también,
que nos echas de menos,
aunque ya no se pueda.

Si algo de esto fuera,
no te retendría,
porque entiendo

que hay un tiempo para cada cosa
y que este ya no es el nuestro.

Pero si algo de esto fuera
y pudiera abrazarte,
de manera diferente
y sin perderte,
quizá, podría continuar.

Porque creo que no entiendes
que lo que más duele
no es que no quieras una vida conmigo,
sino que quieras un mundo sin mí.

Y creo que tampoco entiendes
que no puedes regalarle pedazos
de nuestra historia a nadie.
*Ça ne suffit pas.*
Y, si vas a construir una nueva historia,
tienes que dedicarle un tiempo largo
a los cimientos y al terreno
y no robarle pedazos a nuestro templo.

Construye tantos nuevos templos
como ganas tengas,
pero no destruyas el nuestro
porque la mitad es mío

y porque romper su arquitectura
no hará que la divinidad reinante muera.

Ojalá comprendas
que nuestro templo existe,
porque existió y estuvo lleno de vida
y que no te hace falta destruirlo
para crear tu nuevo templo.

Nuestro templo sobrevivirá,
se erguirá bello y elegante.
Simplemente, ya no tendrá vida.
Estará en silencio y en penumbra.
Pero cuando queramos visitarlo,
solo para sonreír al recordar,
seguirá ahí.
Porque las fortificaciones más impresionantes
no desaparecen,
solo se quedan vacías,
cuando las personas abandonan.

Y en cuanto a mí,
yo quiero comprender
que no te quiero,
que quiero a una superposición
de imágenes y recuerdos
que ya nunca más serán
el alma de ningún cuerpo.

## I.

Ahora solo puedo mirarlo de frente.
Lo que durante tanto tiempo temí
hoy es todo lo que me queda.
Me acompañan tus pesares,
no los puedo dejar ir,
mientras los míos resuenan ecos atrás.
No busco consuelo,
te busco a ti,
pero, o busco mal, o ya no estás.

**I.**

Tantos intentos con todos mis esfuerzos y, aun así, lo estoy viendo caer.

Estoy sentada, con las rodillas juntas, como siempre procede.
La mirada inmóvil y los párpados congelados,
presenciando el derrumbe.

**I.**

Quiero que me expliques
cómo es posible
que alguien que ha prometido tanto
termine por resumirse en tan poco.

## I.

¿Cómo puede un universo romperse en tantos pedazos?
¿Cómo pueden pedazos tan pequeños doler así?

No quiero contarte el vacío que me llena porque ya no estés.
No quiero decirte que no he conseguido volver a confiar.

Odio admitir que echo en falta tus manos,
que sueño con tu tacto
cuando,
al mismo tiempo,
te odio tanto.

Ahora sé que la decepción es la peor de todas.
Ni la tristeza, ni el odio, ni la ansiedad.
La decepción siempre
                    está
                        detrás
                              de
                                todo.

## I.

En tus manos fui la niña sonriente.
En tus labios fui la rosa de mis trazos.
En tus lunares fui la constelación más brillante.
En tu piel fui la mujer más respetada y más amada.
En tus ojos fui todos mis sueños de una noche de verano.
En tus brazos fui alguien que aprendió a confiar y a confiarse.

En ti fui feliz.

En nosotros fui alguien que descubrió todos los porqués jamás susurrados.

En tu huida fui la rosa en un invierno frío
y me deshice pétalo a pétalo,
marchitándome bajo una noche infinita que nunca daba paso a mi sol.

En mis sueños soy tu final feliz.

**I.**

Te sigo oyendo allí donde los pájaros cantan.
Te sigo soñando en el eco de nuestras noches en vela.
Te sigo esperando en las promesas del año próximo.

Me huelen a ti las palmas de las manos.
Me saben a ti las lágrimas que no se llorar.

Te escucho sonreír en todas las notas que me cantaste.

**I.**

He perdido las estrellas entre el brillo de tu mármol,
se me han roto las certezas en tus manos
y los pétalos de la rosa me cubren los párpados.

Tiraste por la borda del barco nuestro mar,
mientras yo bordaba la espuma de las olas
y sonaba la sirena cantando y el lobo aullando.

Vivieron mil noches en las flores que nacieron en mi piel.
Soy lo que queda de lo que construimos.

Quedan para siempre huellas en la arena.
Quedan aún muchos giros de timón,
pero también hay camino caminado.

Y te vas
y me vuelvo a preguntar
a dónde van
las cosas rotas
y dónde queda ese lugar de las historias que vivieron y acabaron.

**I.**

Se te olvida que te sigo doliendo.

## I.

No sé si me recuerdas. Soy la mujer que acurrucabas en tus labios y besabas en tus palabras; soy la mujer que siempre querías más cerca; soy quien te quiso, quien te quiere y quien te querrá aun cuando solo forme parte de tu olvido. Soy la que, en noches no tan prósperas, o al cierre de todos los bares de Madrid —cuando ya no te quede ruido en el que esconderte—, caminará, tan sigilosa y elegante como siempre me recordarás, por el sendero de tu recuerdo.

Y sabrás, aunque tal vez yo no, que me echas de menos, porque no hay nadie que se preocupe de una manera tan bonita por todo y, especialmente, por ti, como lo hago yo; y que no hay nadie cuyo empeño en la perfección te desquicie tanto como lo hace el mío.

Y sabrás, aunque yo definitivamente no lo haga, que no hay nadie que te vaya a volver a hacer sentir esa sensación en el pecho, en el lugar exacto en que nuestros corazones solían latir juntos.

## I.

Y todo sigue su curso
hasta que un rayo de luz
que no quiere tener la culpa
te recuerda desvistiéndome,
ojal a ojal,
en una noche como esta
del verano de Madrid,
desafiando al calor de julio
que tan poco te gustaba.

### *—Primeras realidades—*

Soy la risa entre los labios mojados,
entre las copas rotas;
el espacio exacto del vaquero ajustado,
la euforia de muchos finales de noche,
y el desayuno de algunas menos mañanas,
ya con menos euforia.
Soy la esperanza al final de tu túnel
y el precipicio constante al lado de mi camino.
Soy tu risa,
pero soy mi llanto.
Soy un gemido muy ávido en el agosto caluroso,
que te hace quererlo más,
pero quererme menos.

(...)

Te veo en las esquinas del laberinto, aquel laberinto que tan bien armaste alrededor de mí, trenzando tus promesas y tus penas y anudándolas a mí.

Tus ojos me engañaron, porque eran *l'avenir* y porque, de nuevo, creí bien, donde había que caminar más que despacio.

Me prometiste que no, pero me arrastraste a tu paso.
Y lo peor, me prometí que no y lo hice de nuevo.

Mi instinto no está hecho para tales tactos ni para olores tan poco artesanales.

Mi palabra preferida vuelve a cosérseme en los sueños y vuelvo a soñar que *ojalá.*

**II.**

Se nos pierden estrellas vacías de cielos,
de cielos que, a lo mejor,
hubieran sido infinitos y bellos.
Porque donde no hay fin, hay belleza,
visto que todo termina
en golpes tan repentinos.

Qué rompe, qué rompe
con el traqueteo errante
del motor hilarante.
Una vida y otra,
una y otra,
tras otra y tras otras.

Es una danza precaria
de una cultura plausible
que se endereza en las malezas
de mi alma imposible.
Erre que erre en mi error.

Ay, qué linda estela de historias perdidas,
desaliñadas, engañadas, enfurecidas,
enrojecidas de ira.

Te cansaste, lo sé.
Te hartaste, te lo dije.

Lo entiendo, aunque no lo quiera entender.

Si pudiera perderte de nuevo,
por lo menos lo haría más elegante,
para brindar por el recuerdo.

De las estrellas y el cielo, de eso estás hecho.
De erres y de palabras fuertes con sonidos temperamentales y
esquelas dulces, risueñas.
Una por cada día que perdiste conmigo,
te entiendo, yo también les lloraría
rosario en mano.

El día en el que se acabaron las rosas,
debí comerme cada pétalo,
pero es que sabían tan aterciopelados en mis dientes…

**II.**

Tu vuelo me queda ya lejos y te juro que lo intento comprender, que lo rozo con el aleteo de la ilusión que me causas.

Pero no estás.

Quizá no debas, pero vuelas a ciegas; aunque la que cae soy yo.

La arena entre los dedos, en cada enredo de la duda y en cada *no,* junto a todos los *síes*.

## II.

Será que te echaré de menos un tiempo,
y será que el resto del tiempo estaré jugando con la culpa,
con mi viejo amigo y fiel compañero,
el *no ser suficiente*,
el *no haberlo hecho bien.*
Pero te prometo que lo intenté,
desde todas mis posibilidades.

Y que fuiste todas mis ganas,
eso no te lo prometo
porque ya lo sabes.

## II.

Podría hablarte de estrellas,
de mi pasado, del pisado y del que sigue pesando;
podría regalarte todas mis noches;
podría dedicarte mis sueños
—ya los fuiste—.
Rogarte.
Llorarte.
Reírte.
Soñarte.
*Y no te alcanzaría.*
Ojalá saber por qué has huido corriendo.
Si es miedo
o si fui solo un entretenimiento,
pero no lo creo,
*no lo puedo creer.*
Y de amar, no se deja en dos días.
Ni en dos siglos.

## II.

A dónde van a ir mis sonrisas en tu boca,
a dónde van a ir nuestras mañanas.
Tus ojos quizá vuelvan al mar.
Me dejaste entrar, me abriste puertas, me llamaste familia
y me echaste de tu casa, de tu vida y de nosotros.
Te quedaste a medias en la gramática española,
y yo me quedé a medias en contarte cuánto te quiero.
Cuatro meses, pero me parecieron vidas,
con las esperanzas en el brillo de los ojos.
Me dijiste que tu futuro era conmigo,
que no importaba el país, la lengua,
que no importaba nada...
Solo hacerme feliz.
Solo ser así de felices siempre.
Dijiste,
y dijiste tantas cosas,
y eran tan bonitas.
Y eres tan bonito.
Ya te lo decía siempre. Con mi acento.
Pero te vas y andas,
con promesas en los bolsillos,
ganas en las yemas de los dedos
y mucho mucho peso sobre los hombros.

—Cómo me habría gustado sostenerte—

## II.

Si las promesas existieran,
pero son muy débiles,
como tú.

**II.**

On days like this,
I still don't understand
how could you love me so much,
how could you leave me so fast.

On days like this,
I wonder again.
I open the box
I had promised to close.

On days like this,
the pain reminds me
the happiness we were.

How can I be crying myself to sleep
when I gave you so much,
and you gave me so little.

I remember how hard it was,
that next day, waking up.
I remember how they held me,
fed me, cleaned me,
a family.

I stopped the *whys*,
but never the *how*

How could you,
How.
How did you fell out of love.

Cause I could never.
I'm relieved I could never.

En días como este,
sigo sin entender
cómo pudiste quererme tanto,
cómo pudiste dejarme tan rápido.

En días como este,
me lo pregunto otra vez.
Abro la caja
que había prometido cerrar.

En días como este,
la pena me recuerda
la felicidad que fuimos.

Cómo puedo estar llorando hasta dormirme
si te di tanto
y tú me diste tan poco.

Recuerdo lo difícil que fue
despertar el día después.
Recuerdo cómo me sostuvieron,
me alimentaron, me limpiaron,
una familia.

Paré con los *porqués,*
pero nunca con el *cómo.*

Cómo pudiste,
Cómo.
Cómo pudiste desenamorarte.

Porque yo no podría.
Me alivia saber que no podría.

## II.

Miénteme un rato más.
Acúname fingiendo que aún no sabes que te vas a ir,
acaríciame fingiendo que mi piel es la que sigues deseando surcar con las yemas de tus dedos,
solo un rato más.

## II.

A lo lejos, una luz se rompe.
Oigo gemidos en la oscuridad.
Conciso. Preciso.
Me duelen los oídos,
oigo aullar,
y los lobos,
ay, los lobos se acercan.
Aúllan. Maúllan.
El ronroneo me calma.
Siento el aire encerrado en los pulmones.
Seguir. Siguiendo. Seguido.
El camino.
No hay *demi-tour,*
pero sí curvas enroscadas en el seguir,
y puedes girar y girar y girar.
Te quisiera tan lejos como te quiero cerca.
Te pido que me escuches.
Ahora sollozo entre tus gemidos.
Es un pentagrama muy barroco,
el tuyo y el mío,
es como el camino.
Me estoy ahogando,
la sal de tu partida
me ahoga.
Respiro, entre sollozo y sollozo.

No me pidas que coja aire,
te has ido.
Pero te oigo pidiendo,
y te quiero aún más
y te odio aún menos.

## II.

Me dueles en todas las esquinas de mi laberinto.
Me dueles.
Habías calado fuerte, hondo.
Bajo la piel, en las estrías.
En el hacer, en el doblar de la articulación.
En la felicidad, en la comisura de los labios.
En el mirar, en la pupila que tintinea temblando.
En el vivir, al inhalar el día entrando en los pulmones.
Me dueles.
En las palabras que digo.
En el pasear.
En el caminar.
En el caminar lento, en la suela de los pies. Nos arrastro conmigo.
A cada sol, a cada luna.
Con fe rota, con fe perdida, pero con fe.
Voy a acabar conmigo,
pero es que lo que más quiero
es pedirte que me quieras.
Que me quieras.
Como éramos. Como íbamos a estar.
Que me acunes.
Por favor, acúname en tus ojos de mar y cielo.
Por favor, no te vayas.
Por favor, quiere quedarte.
Dime a dónde vas.

¿A dónde vas?
Me dueles en todas partes.
Me rompes cada vez que me dueles.

## II.

La vida siempre sigue.
La vida nunca espera.
Y se va a hacer tarde,
se nos está haciendo tarde.

**II.**

Dos mentiras y media
La rosa, el *te quiero* y nuestro futuro.

## II.

I miss flowers at my door,
I miss sunshine on my eyelashes,
I miss excitement,
I miss adventure,
I miss and miss and miss that city.
I miss flowers at my door.

I miss flowers at my door.
I probably shouldn't tell you that
but I would be lying if I didn't.

I miss roses at my door.

***

Echo de menos las flores en mi puerta,
echo de menos el sol en las pestañas,
echo de menos la emoción,
echo de menos la aventura,
echo y echo de menos esa ciudad.
Echo de menos las flores en mi puerta.

Echo de menos las flores en mi puerta.
Seguramente no debería decírtelo,
pero estaría mintiendo si no lo hiciera.

Echo de menos las rosas en mi puerta.

**II.**

No quiero llevarme los recuerdos,
como si todo se hubiera muerto,
no quiero que termine,
pero terminará igual.

**II.**

So there it goes,
my cry, my song,
my love.

Here I come,
that I shall do,
announce myself,
at the very least.

I didn't raise my hand.
I kept trying,
walking.

It didn't fit in my chest,
the disappointment.
It didn't fit in my body,
the joy.

It's unfair I care like this
you don't deserve it.
Didn't work on it,
did you.
I deserve it less.

Made my healing,
my song,
why are you still here?
Maybe you do want stay,
after all.

***

Así que ahí va,
mi grito, mi canción,
mi amor.

Aquí vengo,
eso es lo mínimo
que puedo hacer,
anunciarme.

No levanté la mano.
Seguí intentándolo,
caminando.

No me cabía en el pecho,
la decepción.
No me cabía en el cuerpo,
la felicidad.

Es injusto que me importes así,
no te lo mereces.

No te esforzaste,
¿no crees?
Yo me lo merezco menos.

Me curé,
canté mi canción,
¿por qué sigues aquí?

Quizá sí quieras quedarte,
después de todo.

## II.

Con la soga al cuello, pero con la cabeza bien alta, así, así es como te miro ahora.

Nunca preguntaste si podías llevártelo todo. Hubiera sido un detalle.

No hay alturas ya.
Me ahogo bajo el agua.

Tengo el grito inexistente desgarrándose en la garganta, hecho trizas, y las lágrimas secas, incrustadas en el rostro. Ahora ya son para siempre.

Así como te fuiste, para siempre.

No eres lo que quiero y sin embargo no puedo quererte más *aquí*.

Que te has ido, que te fuiste, que te irás, que todos los días, cuando me despierte del sueño, te irás de nuevo.

Por eso me gusta hacer tan larga la noche, porque allí sí estás conmigo.

Lejos. Lejos. Lejos. Te oigo como el eco, cada vez más hueco, cada vez más lejos, pero en todas partes.

## II.

No me parece querer el futuro que me prometes,
pero tampoco quiero que acabemos.

Te echaré de menos.

—La intermitencia de tu vuelta—

## II.

Dices que estás, pero para mí que te has ido.
Y ahora me pides que reparemos el roto.
Como si fuera mío de hacer.
Como si pudiéramos.
No sé si puedo, no sé si quiero.
Dices que estás, te veo aquí, pero no te siento; no te siento.
Solo te siento en ese instante, partiéndome en dos partes perfectas.
Ya vuelve la historia de las culpas y sus líneas.

## II.

Yo aposté por ti,
con todo.
Los mismos sacrificios,
solo nombres distintos,
pero yo arriesgué por ti.
Y tú, tú no quisiste arriesgar tanto.
Supongo que —por fin y de nuevo—
no era suficiente.
Dices que dolería demasiado,
lo entiendo,
pero oigo mentiras,
porque a mí también me dolería,
pero,
por ti,
veía más allá.
Vi el nosotros,
la realidad del vivir,
y te perdoné,
pero tú nunca te perdonaste
y perdiste de vista todo.
Dejaste de imaginar,
de soñar con nosotros
y lo rompiste todo.
Sin pedir permiso,
lo rompiste todo,

arrastraste la casa a cuestas,
sobre los hombros.
Lo siento, ya no importa cómo,
de todas formas, lo rompiste todo…

—La segunda vuelta—

## II.

Te irás
y *lo olvidarás* —dicen—,
pero no saben lo que dicen,
y yo sé que no.
Que no entenderé nada,
pero que te habrás quedado en mí,
—que no conmigo—.
Allí donde estés, ojalá estés bien;
tú no preguntas,
pero no siempre estoy bien.
Duele así porque no solo te digo adiós a ti,
digo adiós a lo que sería mi vida.
Ahora toca reinventar,
dar rienda suelta a la imaginación.
Elegir otro color para la pared
y hacer nuevas costumbres
hasta que me acostumbre
a no conocerte.
Quizá no vuelva a verte,
lo más probable es que no vuelva(s)
a mirar en el mar de tus ojos.

## II.

Van pasando las horas
una a una lentamente
y va siendo el momento
de que te quedes en el olvido.

Ya ha habido suficientes horas
de silencio,
de respeto,
de luto.

Así que te dejo allí,
en el olvido.
Echo a andar,
no miro hacia atrás
y, luego,
vuelvo.

No sé parar
de quererte aquí.
No sé parar
de desearte tan fuerte.
No sé parar
de querer tus pestañas.

Es que vas
y vuelves.

Juegas,
una partida más,
la de mis sentimientos
sobre la mesa.

Es que vas
y me rompes,
es que vuelves
y me quieres.

Y juegas,
una partida más,
y yo,
yo me dejo jugar,
una partida más.

## II.

Veo tus pestañas titilar valientes atravesando el sol,
mientras a mí me atraviesan excusas cobardes.
Por qué no te puedo dejar ir,
por qué vuelvo
si siempre me dejas.
No te voy a mentir,
—nunca supe hacerlo—
sigo queriendo más partes contigo.
Sigo pensando que,
por mucho que lo hayas estropeado todo,
podrías ser mi final feliz.
Sé que a veces tú
también lo piensas,
pero solo hablo yo;
tú solo accedes,
unos días más,
otros un poco menos.
Y, aun así,
sigo sintiendo que me quieres,
pero no puede ser amor, ¿verdad?
El amor no puede ser así,
pero tampoco quiero que sea
nada que no seas tú.
Entre la espada y la pared;
no hay respuesta buena.

Quiero que la historia se termine
y solo quiero gemir contigo.
Ojalá no me tocaras tan bien,
sería más fácil,
si no me lo hicieras tan bien,
si no estuvieras siempre
*allí*,
hasta que te vuelves a ir,
y entonces ni allí
ni en ningún lado.
Y el hueco que dejas,
entre mis piernas,
te echa de menos
y piensa en ti.

**II.**

Lo peor de todo
no es perderte,
—este será solo un amor más—.
Lo peor de todo
es que te vayas
resquebrajando mi inocencia
y
dejándome el *regalo* de saber
que una persona
puede,
*elige*
y *quiere*
tratar así a otra.

## II.

A la tercera no fue la vencida,
la tercera fue la definitiva.
Tres pares de excusas después,
entendí,
definitivamente,
que tenía que dejar de excusarte.

Nadie se va de donde quiere estar,
y tú te fuiste,
tres veces,
después de tres veces
querer de más.

**II.**

Y sé que los dos andaremos, lento, con el juego de las culpas.

## II.

Eres otro
y ya no somos nosotros.

## II.

Los dos sabemos,
llegados a este punto,
que me merezco más
que tu constante inconsistencia
y tus inseguridades con uniforme.
Los dos sabemos,
llegados a este punto,
que me has perdido,
aunque quizá ahora no quieras tenerme,
aunque quizá ahora quiera que me tengas.
Porque los dos sabemos,
llegados a este punto,
que no me mereces.
Serás feliz y yo también,
pero despertarás un día
sin entender
por qué me dejaste ir.
Pero los dos sabemos
que yo no puedo vivir de eso;
vivo de saber que,
aunque hoy tu sombra siga aquí,
merezco mucho más y,
me hayas querido o no,
no pudiste con tanta mujer.

¿Alguna vez te has parado a pensar en todas las puestas de sol que ya nunca veremos?

Serás un recuerdo,
pero un recuerdo siempre vivo,
nunca en el olvido,
por lo menos,
hasta que lo olvidemos.

# RAYOS DE SOL Y CAFÉ

*—He aceptado las preguntas sin respuesta y los puntos suspensivos. He acallado los «por qué» y he aceptado mis disculpas.*

*Estas son las tardes que he pasado al sol sanándome. Sigo sanándome.*

*Estos son el café y sus compañías, que me han ayudado a celebrarme—.*

No me pierdo tu estar, es solo tu caminar.
Porque tus pasos no pueden alcanzarse corriendo de puntillas.
Y si vi en tus ojos un ápice de un mundo feliz y la esquina de la intersección de nuestros sueños, solo fue un delirio momentáneo; no era más que el reflejo del mar, aunque nunca hubiera visto antes un mar así.

Sé que somos inmensos, sé que te he querido, que no sé si lo sigo haciendo.

Que solo quiero sentirme viva y ver que el viento puede seguir enredándome el pelo en cualquier puente a las afueras de esta ciudad.

Que solo quiero saber que la vida sigue a pesar de que ya no la viva contigo y que yo sigo existiendo, aunque tú ya no me mires.

Que sea más allá de tu mirada, más allá de tus poemas dedicados y que mi cuerpo sea, aunque no lo delimiten tus manos.

Que mis labios besen, aunque no sean los tuyos, y aunque solo sea para ver que pueden sin ti.

He sido tanto tiempo contigo que me siento, a la par, liberada y aterrorizada de ser sola.

Ha sido un alivio
dejar de fingir que no me importas,
que no me dueles,
y aceptar que te echo de menos
y que duele.

Me aguardan ciudades, lo sé.

Me aguardan puestas de sol, historias con las que mirar el crepúsculo y algún que otro amanecer tardío. Desde muchas alturas, desde edificios, desde abrazos en brazos.

Pero mi historia ahora es esta.

*Ecos* de islas, de sueños, de ciudades y, sobre todo y más que nada, de vidas que podrían haber sido. Y suenan a lo lejos, y resuenan en mi falta de esperanza, y yo solo entiendo sílabas. Y esas sílabas me duelen, se clavan, porque no son palabras, porque se han marchitado, después de haber sido obras, textos, párrafos, frases, nada y olvido.

Tengo que dejar de pensar que, en realidad, me quieres.
Tengo que dejar de creer que cada día
estás un poco más cerca de darte cuenta del error.
Tengo que dejar de pensar que creerás que es un error.
Renunciar.
Aceptar que lo que me escribiste en las cartas ahora son mentiras.
Y no estoy preparada.
Y aunque te siento cada vez menos, aunque ahora puedo mirar los recuerdos sin llorar, no estoy preparada para dejar ir ese futuro que iba a ser el mío contigo.
Ya me he despedido.
Ya estás lejos.
Pero el presentimiento de tu arrepentimiento me envenena.
¿Cuántas despedidas más, hasta que pueda despedirme de verdad?
Con los pies en la arena siento y sigo sintiendo con fuerza la ola venir, pero el mar está callado, sin siquiera amago.
Y, sin embargo, la marea me dice desde dentro que sí.
Y me repito tu *no*, le hago eco en mi cabeza.
Quiero que resuene fuerte y seco;
para no olvidarlo.

But, overall and after all,
I know that this is how I am supposed to be feeling.
How would I otherwise?
I'm letting go,
I am watching the dream walk away from me.
That's what keeps me calm.
So I will just
enjoy the pain
enjoy the numb
enjoy the nostalgia
enjoy the wishing
sit down
relax
and enjoy.

Pero, al fin y al cabo,
sé que es lo normal sentirme así.
¿Cómo iba a sentirme si no?
Estoy dejándolo ir,
estoy viendo cómo el sueño se aleja de mí.
Eso es lo que me mantiene tranquila.
Así que simplemente
disfrutaré del dolor
disfrutaré del entumecimiento
disfrutaré de la nostalgia
disfrutaré del deseo
me voy a sentar
me voy a relajar
y voy a disfrutar.

## *—Yo, que siempre creí en el multilingüismo—*

Y creo que,
por un momento,
viviendo entre la emoción de lo exótico,
olvidé la importancia de hablar el mismo idioma.

Va pasando el tiempo y te voy echando de menos
cada
vez
con
más
espacios.

Me he dado cuenta de que quien más te prometió lo contrario puede irse.

Me he dado cuenta de que la gente cambia sin darse cuenta y de que, en el proceso, dejan de querer evolucionar contigo.

Y no hay culpa, ni creo que lo que busquen sea hacerte daño. Quizá, simplemente, no son capaces de quedarse más en el mismo sitio y eso no significa que tú estés quieta.

## *—Interferencias—*

Vuelvo a las andadas
—ya lo dijeron—, y ya lo dije yo también.
Cuatro no es siempre menos que cinco, ni que seis.
Mi cuatro se elevó al infinito.
Mi cuatro se disfrazó de para siempre.
Pero mi cuatro, cultivado con tanto cariño durante el uno,
el dos y el tres,
se quedó en un cuatro.
Y en el cuatro se quedaron muchas cosas, ¿sabes?
El barco que llevaba todo el oro no zarpó
y la arena de la costa ahondó
escociendo en las grietas de la historia,
aún saladas.
Ahora el cuatro me atormenta
porque ya no será nunca ni un cinco ni un seis.
Y, una vez más,
me pegunto,
a dónde van los sueños rotos.

Perder la esperanza,
la posibilidad,
dolió como volverte a perder,
pero era lo que necesitaba,
que se fuera de mi cuerpo
lo que quedaba de ti en él.
Expulsar,
por los poros de mi piel,
la posibilidad de ti.

And somehow,
very deep inside,
underneath everything else,
I still love you.
And it doesn't even hurt,
it's just there.
It's not fair,
definitely not to me,
but it is what it is.
I feel like it will always be there.
I will probably always love you.
I fought my battle.
No desire to keep trying.
It is done and it has the peace
of an accepted ending.
There are limits.
Cause we are limited
and there are things we cannot reach.
I can't reach you.
I don't need to,
I will just forever want to.
But I'm at peace.
Because there's nothing I can do,
there's nothing I did not risk.
So, I am at peace.
I love you.
You will never love me.

Somehow,
for some reason
I was not enough.
It's nobody's fault.
I thought I had to stop loving you
so I taught myself
not to hear the pain.
So I don't anymore.
But I love you.
I can't stop all of a sudden.
It's just the way I love
when I love.
It's just the way I am
when I live.
And that's okay.
I shouldn't lie.
I shouldn't have to say
"I don't love you anymore".
So I won't.
But my life keeps going.
I keep growing.
I keep moving.
I keep living happily
while loving you.
One day I won't.
Or not the same way.
Does it ever stop?

Is it supposed to?
Is it meant to?
Or is it just a part
of the new story
of your life?
A reminder.

***

Y de alguna forma,
en lo más profundo de mí,
debajo de todo lo demás,
te sigo queriendo.
Y ni siquiera duele,
solo está ahí.
No es justo,
desde luego no para mí,
pero es lo que hay.
Siento que siempre estará ahí.
Probablemente siempre te querré.
Ya libré mi batalla.
No deseo seguir intentándolo.
Hecho queda y le queda la paz
de un final aceptado.
Hay límites.
Porque somos limitados
y hay cosas que no podemos alcanzar.
Yo no te puedo alcanzar,
tampoco lo necesito,

aunque siempre querré hacerlo.
Pero estoy en paz.
Porque no hay nada que pueda hacer,
no hay nada que no arriesgase.
Así que estoy en paz.
Te quiero.
Tú nunca me querrás.

De alguna forma,
por alguna razón,
no fui suficiente.
Nadie tiene la culpa.
Pensé que tenía que dejar de quererte,
así que aprendí a no oír la pena.
Y ya no la oigo.
Pero te quiero.
No puedo parar de repente.
Es, simplemente, mi forma de querer
cuando quiero;
es, simplemente, como soy
cuando vivo.
Y está bien.
No debería mentir.
No debería tener que decir
*Ya no te quiero.*
Así que no lo haré.
Pero la vida sigue.
Sigo creciendo.

Sigo avanzando.
Sigo viviendo feliz
mientras te quiero.
Un día ya no lo haré.
O no de la misma forma.
¿Para en algún momento?
¿Tiene que parar?
¿Debería?
¿O es tan solo una parte
de la nueva historia
de la vida?
Un recordatorio.

Quiero un hombre que hable,
que no me haga sentir débil
para luego probarse el más cobarde.

No quiero *seguridad* a través de mentiras y silencios.
Quiero al hombre que me diga que duele y que duda,
por mucho que duela la duda.
Quiero que hayas aprendido a temblar con sinceridad.
Ojalá hayas (hubieras) podido.

—Jamás pensé que el más fuerte de los dos sería yo—

Quizá el reflejo siga sin estar muy nítido.
Quizá no sepas qué miras o qué estás buscando ver,
pero la carretera sigue,
la carretera siempre sigue.

No podré decir
que no lo intenté
(hasta romperme).
Por lo menos,
me quito el peso
de mis *y si*,
aunque quede el peso
de los tuyos.

Prioridades.
Siempre es cuestión de prioridades.

No es obvio, ¿sabes? Eso de no temblar.

Quiero ponerme primero,
y no quedarme siempre por detrás.

Nada es todo siempre fácil.
No conozco ningún camino sin baches.

Me pregunto si los días neutrales son días felices.

Dejé de querer repetirte
en todas partes.
Dejé de querer calcarte
en todas las retinas.
Dejé de empeñarme
en seguir queriendo repetir
lo que no había funcionado.

—Conclusiones a dos, a altas horas de la madrugada— A.

Siento que me traiciono,
a mí y a todas mis hermanas
cuando, después de todo,
te sigo deseando aquí.

Somehow it really shocks me,
standing and suddenly realising
that you are living a life,
constantly,
that I know absolutely nothing about.
Miles, kilometers, countries away
you are living a life,
parallel to mine,
every second,
that I know nothing about
when I used to know
what you ate everyday,
how happy or shitty the day had been,
if you felt horny or just cuddly,
and now
you are just a stranger
of whom I think about sometimes,
living a life
that I know nothing about.

De alguna manera, me impresiona,
de pie, al de repente darme cuenta
de que estás viviendo una vida,
constantemente,
de la que no sé absolutamente nada.
A millas, a kilómetros, a países de distancia,
estás viviendo una vida,
paralela a la mía,
cada segundo,
de la que no sé nada,
cuando antes sabía
lo que habías comido,
si había sido un día feliz o un día de mierda,
si estabas cachondo o si solo querías mimos,
y ahora
eres solo un extraño
en quien pienso a veces,
que vive una vida
de la que no sé nada.

I realise
how life would be much more messy
with you still in it.
I realise how it's probably a good thing for me
we broke in two paths.
I'm certain
I would not be taking the right decisions
and I'm certain
we would have split apart anyway.
But,
my dear,
but,
it would all have been for the right reasons.

***

Me doy cuenta
de que mi vida sería mucho más caótica
si aún formaras parte de ella.
Me doy cuenta de que seguramente sea bueno para mí
que nuestro camino se rompiera en dos.
Estoy segura
de que no estaría tomando las decisiones correctas
y estoy segura
de que lo nuestro se hubiera roto de todos modos.
Pero,
cariño,
pero,
todo habría sido por las razones correctas.

Would you like to know something?
I really do not care anymore about all the *whys*, about whether you *could* or you *could not*, about whether you were not feeling well and that is the reason. Because, from where I am standing, reality is that you did not want to do it, no matter why, no matter how much you say you could not, reality is that you just *did not*.

***

¿Quieres saber una cosa?
Han dejado de importarme todos los *porqués*, si *podías* o si *no podías*, si no estabas bien y esa era la razón. Porque, desde donde estoy yo, la realidad es que no quisiste; no importa por qué, no importa cuánto dijeras que no podías, la realidad es que simplemente *no lo hiciste*.

Quizá debiera dejar ir
esta obsesión
entre los kilómetros y yo.

El continuo enredo.

La ilusión de atarme
a lo que me queda tan lejos.

Podría tener
cuatro paradas en metro,
diez minutos andando,
dos pies esperándome en la puerta,
y vuelvo a elegir
los sitios a los que el metro no alcanza,
los lugares a los que mis pies no llegan.

—A lo mejor empiezo a entender tus ganas de huir—

Solo tenía que tirar un poco,
un poco más,
solo tirar de tu manga.

No me daba cuenta
del cansancio
de tener que tirar siempre.

No volveré a ceder
al desgaste
de insistir.

—La voz de la experiencia, gracias por avisarme a tiempo— M.

Seguía pensando
que no estaba preparada
para dejarte ir.
Tú ya te habías ido,
yo también;
allí no quedaba nadie,
pero no podía dejarlo ir,
como si necesitara llorarlo,
hacer un duelo eterno,
y mis hermanas me dijeron
que soltara,
que abriera el puño
y lo soltara.
Que sí,
que estaba preparada
para dejar ir,
que era hora
de dejar a la idea morir en paz,
y dejarla descansar.

### *—One Day I Will be Loved the Same Way I Love—*

You're so lucky
I loved you so much,
so deeply,
so purely.
You're so lucky
I looked at you
like you yourself
were a whole entire universe.
You're so lucky
I still miss your softness.
You're so lucky
my mind keeps fading away
your many flaws.

You're so lucky
you got to be loved
in this way.

***—Algún día me querrán como yo quiero—***

Tienes tanta suerte
de que te haya querido tanto,
desde tan profundo,
tan puro.
Tienes tanta suerte
de que te mirase
como si tú, por ti solo,
fueses un universo entero.
Tienes tanta suerte
de que aún eche de menos tu ternura.
Tienes tanta suerte
de que mi mente siga difuminando
tus muchos desperfectos.

Tienes tanta suerte
de que te hayan querido
de esta forma.

It haunts me
that there is a version of me
hanging in Belgian corners,
in the hands and the voices
of the people with whom
I delineated my Brussels,
that Madrid will never know,
and that will forever
be lost in transition.

***

Me atormenta pensar
que hay una versión de mí
prendida en esquinas belgas,
en las manos y en las voces de las personas
con las que dibujé mi Bruselas,
que Madrid nunca conocerá
y que vagará para siempre
perdida en la transición.

You and me,
it's you and me.
We just weren't meant to be.
I know I wasn't,
I know you weren't,
and still
I'm glad I lived you,
I'm glad you lived me.
You gave me so much,
I know I gave you so much.
And the rest
is just the rest.
It's life.
Today
I realise
I don't love you anymore.
But I'm so happy I lived you,
I am so happy knowing that you'll find
your happiness.

Tú y yo
somos tú y yo.
Simplemente no tenía que ser.
Sé que yo no,
sé que tú tampoco
y, aun así,
me alegro de haberte vivido,
me alegro de que me hayas vivido.
Me diste tanto,
sé que te di tanto.
Y lo demás,
es solo eso.
La vida.
Hoy
me doy cuenta
de que ya no te quiero.
Pero me hace muy feliz haberte vivido,
me hace muy feliz saber que encontrarás
tu felicidad.

Gracias por guardar todos nuestros sueños en un cajón, aunque no pudieran ser.

Sé feliz hasta reventar.

(Y tráeme a tu memoria con una sonrisa cuando algo te recuerde a mí).

Te quiero, mi amor.
Estas son las últimas noches que te daré.
Sueña fuerte y buenas noches, *mon amour.*
Vuela lejos y, sobre todo, vuela alto.

*Estos son los tatuajes que me dejaron las curvas.*
*Estas son las rosas que me regaló el camino.*

# Índice

*Este libro se terminó de editar en Granada*
*en noviembre de 2024 por*

Aliarediciones

www.aliarediciones.es
*info@aliarediciones.es*